찔레꽃 기슭

이원문
제41집

찔레꽃 기슭

이원문 지음

책나무

| 차례 |

제2부

제3부

제1부

여름

여치의 꿈 모아
원두막에 걸어놓고
매미 소리 들으며
언덕에 오른다

늘어지다 당기는
미루나무의 매미 소리
저 높은 하늘
뭉게구름까지 들리나

냇가에 동무들
물놀이에 즐겁고
퍼져가는 매미 소리
원두막 잠재운다

소라의 바다

이름은 그대로
잊지 않았는데
모습을 잃어
그릴 수가 없어요

이런 모습이었나
아니면 그랬었나
노을에 숨어
찾아도 안 보이고

긴 머리 하나로
그곳을 찾았어요
이름처럼 그 모습
다시 떠오른다면

추억 아닌 옛사랑
사랑하고 싶어요
찾아간 그곳에
다시 처음 남기고요

앞개울

동심으로 바라보는
추억의 앞개울
사계절 들추며
옛날로 돌아간다
배추 씻어 김장하고
내 빨래 담그던 곳

여름날 장맛비에
물 구경에 물놀이
가을날 단풍 모아
책갈피에 끼어 넣고
겨울날 모닥불에
썰매 타며 바지 태우던 곳

따뜻한 봄날이면
미나리 뜯으러 다니고
찔레꽃에 아카시아 꽃
고기 잡아 고무신 띄우던 곳
좋아했던 이웃 동생
삐레기 찔레 순 꺾어주던 곳

어머니의 세월

어머니 연세에서
내 나이를 제해 보십시요
제한 어머니의 세월이 몇 년인가요

그 세월에 있었던 일
손꼽아 보십시요
접히는 손가락이 모자라지 않던가요

나의 기억 어둠 속 어머니의 세월
기억으로 그 세월을
헤아려 드릴 수 있을까요

한글 모르고 셈 못 하는 어머니
내 손 빌어 글 쓰고 셈하던가요
나 하나 바라보고 흰머리에 묶인 세월

저무는 인생에 나를 몇 번 보았나요
나는 눈을 떠 뜬눈으로 바라보았지만
감은 눈에 어머니는 밝아도 어둡지 않았나요

한겨울 얼음 빨래 여름날 부채질
쓴맛 단맛 쓴 날 단 날

쓴맛 쓴 날은 다 어머니 몫이었지 않았나요

앉은 서리 못 녹이는 낙화에 얹진 세월
옥양목 치마폭에 밥 한 그릇 감춘 어머니
어머니의 희생 가엾어라 어머니 우리 어머니

중복(中伏)의 밤

얼마 전 장맛비에
굽어 흐르는 앞개울
우리 동네 앞개울
물 끼없는 소리에 소란하다

거머리 전설의
우리 동네 앞개울
은하수 길 걷는 이
무엇을 엿보나

반딧불 이리저리
오가며 반짝이고
지켜선 할머니
누구냐 소리친다

젊음

내 젊음은 어디로
고무줄 잣대에
꺾어 올린 내 나이
나이로 보면
하룻밤이 멀다 하고
거울에 비춰보면
늘어났다 줄어든다

마음 하나에 매달려
문밖을 나서면
나 아닌 남부터
곁눈으로 훔쳐지고
옷으로 못 가리니
표정으로 속여진다

작대기

지게만

받치는 것이

작대기가

아니었다

고향 소식

신 바꿔 신은 날이 몇 년인가
떠난 날은 알겠는데
햇수는 술잔에 있다
그러한 날들이 이렇게 빠른가
든 것 없고 쥔 것 없어 못 찾은 고향
기댈 곳 없는 움막살이가
타향의 몫이었나
장떨뱅이로 만난 고향 어르신
부끄럽기보다 목이 메이고
안부 드리기 전 얼굴이 뜨거웠다

마주 앉아 듣는 고향의 옛이야기
듣는 소식마다 가슴 저려야 하나
없어진 메갓에 조상도 잃었다
다 그렇게 없어지고 지워지는 것을
타향의 세월이 얼마나 헤아릴까
어릴 적 놀던 곳 추워 양지 찾던 곳
그 들녘 보리밭 원두막 송사리
은혜의 뉘우침에 찾아뵙지 못한 웃어른
고향 소식 타향살이 가슴에 묻으며
마지막 소 몰던 길 다시 걷는다

구름 맞이

타향의 구름이
고향 구름만이나 할까
가슴에 남아
기억에서 못 지우고
다녔던 곳마다
그리움으로 그린다

힘들고 외로워
올려보던 구름들
저물녘 그 뭉게구름은
누구의 꿈이었나
노을 전 보던 구름
눈에 어린다

밥상의 노을

복날의 저녁 밥상
어느 곳이 시원할까
샛대문 닫힐까
작대기로 받쳐놓고
앞마당에 앉은 식구
저녁상 기다린다

기다리며 바라보는
담 너머의 저녁노을
저녁상 물려도
그대로 짙어지고
줄 엮는 왕거미
저 노을 거두려 한다

여름 고독

흔들리는 풀잎새마다
느낌으로 보이고
들여다볼수록
눈속임한다

못 보는 밤이어도
저렇게 흔들릴까
앉힌 이슬에서
무엇을 얻을까

눈속임에 빼앗긴
알 수 없는 마음
빼앗긴 그 마음
세월에 붓는다

강제 징용

세계 문화유산으로 자랑이 된 일본
일본의 강제 징용 수용소를 보았습니다
외딴 섬 한곳에 허물어져 가는 수용소
그 자랑을 위해 희생된 민족이
어느 나라입니까 누구였고요
꽃다운 나이에 끌려간 남녀 청춘들
누가 모집하고 끌어간 사람이 누구입니까
끌어간 여자를 어떻게 했습니까
남자는 어디에서 총알받이에 무슨 노동을 하였고
그러는 남과 북 어떻게 하고 있습니까
이웃 민족 끌어다 희생시킨 나라
희생된 꽃다운 청춘 아직 눈감지 않았습니다
그러나 그들은 자랑으로 드러내고
세계인 끌어모아 구경 값을 받고 있지 않습니까
그것도 모자라 우리 독도를 눈독 들이고요
더 섬짓한 일본의 각오를 아십니까
다시 조선 땅을 밟겠다는 말과 함께
우리 형제 남과 북이 6.25와 같이 싸우면
총칼 들고 조선 땅을 또 다시 밟기로
미국의 간 쓸개에 찰싹 달라붙어
미국과 그렇게 하기로 약속했답니다

여름밤

저 많은 별들을
누가 뿌려 놓았나
볼수록 더 깊이
더 많이 보이고
나 어릴 적 따 놓은 별
다시 붙여 놓는다

내 것도 아닌데
함께 따던 별
주어도 모자라
다음으로 약속한 별
그 별도 함께 모아
은하수에 뿌린다

노각

노각은

넝쿨에 숨은

애오이를

내놓고

비웃었다

버림의 바다

이제 다 잃고 잊으리
망설임도 버리고
모두가 파도에 묻혀버린 날
그날만 쓸쓸히
멀리서 다가오나

지친 그리움도 아픈 미련도
오늘이 된 먼 훗날의
아름다운 상처인 듯
뜨거운 눈시울에
이슬만 맺힌다

여름 바람

옷소매 올리는
시원한 바람
원두막에 불면
언니들 시원하고
냇가에 불면
우리들 시원하다

벼 잎새 나부끼는
들녘의 뜸북새
뜸북새 떠나면
매미들 시원할까
하늘 높이 부는 바람
뭉게구름 집 짓는다

앞산

세월아
나 어디까지 데려왔니
가야 할 길은 남았고
또 나를 속이는 것은 아니겠지
더러 힘들고 굴곡이 많았어도
잃은 그 길이 아름다웠었는데
인생의 길이나 딛는 길이나
꽃 되어 보는 꽃도 아름다웠고

앞 냇가 버드나무 춤추던 날
그 버드나무와 함께 춤추고 싶었던 날이 언제인가
이제 모두 옛날 같지 않구나
먹은 귀에 눈치로 듣는 소리마다
고깝게 들려 마음은 안 그런데
그렇게 나 찾던 이 어디 갔쑤
부르던 이 어디에 있고
먼저 떠나고 뒤따라오겠지

저 강에 물 버린 사람이 누구요
그저 흐르니 내가 잘못 보았나
세월이 흐르는 것은 아니겠지
받아주던 잔소리 참견이라 하니 설구나

그칠 줄 모르고 흐르는 저 강물
내가 볼 날도 접히는 세월도
이제 저물어 가는구나
해 기울듯 그렇게

작은 사랑

새 둥지 하나로
사랑을 찾습니다

넓지 않은 둥지 안의
행복을 찾습니다

소란스런 둥지 밖
보이는 사랑보다

희생의 둥지 안
작은 사랑을 찾습니다

여름 들길

지나는 길 뜨거워
찾아보는 그늘
여기가 좋을까
저기가 더 낳은가
멈춰선 발걸음
바람 살짝 스쳐가고
손에 든 부채
슬며시 내려진다

바라보는 벼 잎새
세월을 눈치챘나
적막의 들 뜸북새 떠나고
제비 하늘 높이 허공을 젓는다
적막의 여름 들녘
뭉게구름 저편은 새털구름인 듯
길고 짧은 매미 소리
가을을 부른다

노을 친구

친구야
오늘처럼 하루만 저무는 줄 알았더니
인생도 저무는구나
너와 나 우리 어떻게 살았지
친구들과 어울리지 못했던 너와 나
이제 단추 잃은 누더기 벗었어
그것이 하늘의 시험이었다면
너무 가혹하지 않았니
가난이 갈라놓은 너와 나
다 버리고 새 단추에 새 옷 입었어
뚫어진 그 옷 주머니 꿰매어 채우기도 했고
채우고 보니 별것 아닌데 그렇게 준혹 들려야 했는지
좀 있다 해서 유세를 떨었고
죄가 있다면 가난의 죄
그 죄의 댓가가 그렇게 큰 것이니

친구야
네 모습은 어떤지
네가 볼 내 모습은 어떻고
어디에서 어떻게 살든
꼭 살아 있기만 해다오
논으로 밭으로 비밀도 많았던 너와 나

다시는 비밀이 없도록 하자
이제 없어도 돼 내가 있잖니
또 네가 있어 든든하고
많이 채우지는 못했어도
도와 줄 만큼은 될 것 같애
우리 만나 그곳에 찾아가
논길도 걷고 서리하던 밭 찾아 서리도 하고
냇둑에 앉아 우리 살던 집 바라보자
그 노을 바라보며 고무신 벗어놓고 기다리고 있을게……

강냉이의 방학

여름 겨울
방학을 모르고 지나왔다

허기의 가르침에
인생을 배웠고

더우면 들로
추우면 산으로

그 지게에 얹진 것이
무엇이었나

강냉이 죽 그리워
개학을 기다렸다

몇 숟갈 빼앗겨도
먹을 수 있어 기다렸다

하늘 그림

이렇게 보면
이런 그림
저렇게 보면
저런 그림
여름의 저녁 하늘
잊을 수 없어라

볼수록 바뀌는
저 아름다운 그림
붓으로도 아니고
무엇으로 그렸나
세상의 것 모두 모아
다 그려놓았네

제2부

검둥개의 노을

삶이 가자 하는
노을 길에 접어드니
노을 저 멀리
마음이 엷어지고

검둥개 따라오나
뒤돌아보면
어느새 앞서 뛰어
함께 가자 기다린다

가다 멈춰선 마음
무엇을 잃었나
찾아보는 노을 한곳
검둥개도 바라본다

나그네의 노을

비바람의 이슬비
언제 멎을까
걷히는 먼 하늘
노을빛이 부른다

넘는 산마루의
내려 보이는 들
저 들녘 지나면
묵을 곳이 있겠나

지나온 길인지
떠나온 곳인지
그 자리에 머물면
그곳도 고향인데

마음 정리

얼키고 설키고
이것도 아니고
저것도 아니고
이 엉킨 세상
무엇이 그리도
복잡한 것인가

믿었던 사람도
주머니 터는 세상
무엇을 믿고
어느 것을 못 믿나
사랑도 그 한몫에
거짓 정 두르고
법으로 때려 하니
어떻게 해야 하나

그러는 세월은
그 자리에만 있겠나
엎어지고 미끄러지고
땅바닥에 뒹군 세상
모두 다 휩쓸어
법당 찾아가련다

구름의 약속

조각구름으로
산 넘거든 나를 부르고
이슬비로 내리거든
이 옷을 적셔다오

한줄기 소나기로
내 마음 씻거든
뭉게구름 떠올려
내 조그마한 집 지어주고

무지개다리 놓아
나 여기에 없거든
내 기다리다 돌아섰다
그리움에게 전해다오

그 다음 노을로 붉게 물들이면
나 다시 여기에 왔다
그리움에게 전해다오
옛날처럼 그렇게 기다린다 전해다오

나 하나의 사랑

내 좋아하는 꽃에
찾아든 벌 나비가
아름다웠어요
떼지 못한 눈에
묻혀 가는 꽃가루는
무슨 의미였나요

나 혼자만이
아름다웠을까요
다시 찾아 묻혀 떠났지요
다른 꽃도 많으련만
다시 날아든 의미는
무엇이었고요

찾아온 벌 나비
내 좋아하는 그 꽃
잊지 않겠지요
찬 서리 낙화에도
한 번쯤 찾지 않을까요
아직 눈 떼지 못하겠어요

해당화 꽃 사랑

어제의 먼 훗날도
오늘의 지난날도
이제 여기 머물러
떠나지 않아요

열매에 매달려
꽃피운 사랑
휩쓸린 그날을
파도가 찾았어요

맺은 열매 둥지 안
우리 사랑 울어요
발자욱 그대로
모래성 찾고요

원두막 가는 길

이 많은

방학 숙제

언제 다 하나

미루던 내일

물놀이가 빼앗고

저무는 참외밭

노을 져간다

주머니

비우는 날의
비워진 주머니
채우는 날의
채워진 주머니

채우면
추워도 따뜻하고
비우면
더워도 춥다

주머니가 알리는
마음의 기후
비 오고 눈 오는 날
더 뚜렷이 나타난다

저녁 비

내리는 궂은 비 언제 멎을까
저 앞산 기슭 옥양목 두르고
크고 작은 빗방울
생철 지붕 두드린다

미닫이문 밖 주춧돌
낙숫물이 찍는 소리
떨어지는 물방울은
청개구리의 눈물인가

뽕나무 위 청개구리
어찌 저리 설게 우나
넋 빼앗는 청개구리
잃은 세월 찢는다

매미의 계절

바람 시원히
벼 잎새 나부끼고
저무는 매미 소리
가을을 약속한다

뜸북새 슬며시
언제 떠났나
멎은 뻐꾹새 울음은
언제 멎었고

코스모스 한두 잎새
하늘 높이 바라보고
원두막 쓸쓸히
아이들 기다린다

아는 여자

일터를 떠나 집으로 가는 길
우연이라 하기보다
계획이 아닐까

그 시간만 되면
이따금 마주쳐요
스쳐 지나가면서 미소 짓고요

잘못 판단의 나의 마음일까
읽을 수 없는 여자의 마음인가
무엇이 옳은지 나도 몰라요

친정집 하늘

우리 집으로 불렀던 친정
이제 여기가 우리 집인가
엄마도 우리 엄마 아닌
친정 엄마라 해야 하고

친정집 하늘은
볼 것이 많았는데
나 하나밖에 몰랐던
우리 엄마였고

들로 냇가로 바구니 들던 길
길목마다 피었던 꽃
시댁 그늘로 덮여야 하는지
정거장 먼발치서 엄마가 기다린다

고향 저녁

빼앗겼던 옥수수는

누구의 것인가

멍석에 둘러앉아

내 편드는 어머니

댑싸리 위 노을

고추잠자리 보내고

모깃불 쑥 연기

어머니 품에 안겨준다

고갯마루

큰마음으로 신 고쳐 신고 굳히는 마음
몇 번을 오르며 정든 땅을 돌아보나

철 따라 파랗고 참새 떼 노는 들녘
저 넓은 논과 밭은 누구의 것이고

대물림의 머슴으로 마지막 보는 들녘
딛은 발 멀리 해 떨어져 날 저문다

여름 연기

보릿짚 연기
담 밑으로 가라앉고
모깃불 준비에 아버지 바쁘시다

할머니 성화에
멍석 펴는 할아버지
무엇에 화가 났나 술 항아리 열어보고

눈치 보는 우리들 저녁 밥상 언제 오나
고추잠자리 저녁 제비
노을 따라 더 높이 이리저리 맴돈다

도랑

물 불어난 앞 냇가
언제 맑아지려나

나 떼어놓은 형(형)아들
봇물 찾아 냇가로 가고

나는 매 맞고
고무신 들고 도랑을 찾았다

나룻배의 노을

미련의 당신이기에
잊어야 했는지
잊혀지지 않아
눈을 감는다

감아도 떠오르는
아름답던 기억들
잊을 수 있다면
잊을 수 있을까

사랑할 수 있던 날
굳은 맹세의 먼 행복
하나둘 지우며
이 강물에 띄운다

도라지의 언덕

누가 이 언덕을 언제 찾을까

보라색 하얀 꽃

봉오리에 꿈 모으면

스치는 바람 억새 잎 여미고

억새 잎의 자장가

기다림에 들리면

피어난 꽃 외로이

바위 품에 잠이 든다

반딧불의 꿈

저녁 무렵
뭉게구름 바라보던 날
마당 끝 노을
더 짙어갔었지
꿈 모아 올려
누구라도 주고 싶고

그 노을도 잠깐
어둠이 가리면
밤 들녘 반딧불
오가며 반짝였지
기다림의 밤 마중 호롱불인 듯
유화 등 멀리 가물거리고

고독한 삶

눈앞의 것도 다 못 보는 인생
살아 숨 쉬는 것만이
살아가는 것일까요
무엇을 보고 무엇을 얻었나요
차라리 숨을 거뒀더라면
못 보고 못 얻었으니
어차피 되어야 할
흙 한 줌이 어떠했을까요

내 몸 한 번 제대로 돌보지 못하면서
남 훔쳐보기가 일쑤였고
두른 옷에 거짓 표정으로
나를 가리고 이웃을 속이지 않았나요
놓고 내려놓을 것인데 괴롭혀 채우고
그 며칠을 어떻게 살았나요
자연을 보며 깨닫지 못하고
한 치 앞을 아는 것처럼 그렇게 살지 않았나요

못 보고 못 들었으니 얻고 쥘 것도 없었고
봉한 입에 뜻 삭히며 이웃 이야기 들어 주었으니
나는 바보로 살았지요
듣는 소리로 건너뛰고

눈 지팡이로 두드리며 살았지요
이용 가치 없으니 떠나는 사람들
저물녘 하루로 이슬 앉히는 방초처럼
그렇게 한 세월이 저물어 갔지요

제3부

마지막 인생

한 평생 올려본 저 하늘의 구름들
눈 안에 담아둔 그림 같은 기억들
가슴에 새겨진 울고 웃던 지난 날
채우고 짊어진 못 내린 무거운 짐
걸어온 길 길목에 피었던 예쁜 꽃

이 모두 다 어떻게 하시렵니까
걸어온 길만큼 앞이 보이던가요
거울의 나의 모습 무엇으로 가릴까요
돌아가지 못하는 길 후회되지 않던가요
기쁨도 슬픔도 한 줌의 흙으로 돌아갈 것인데

물거품 휴가

어느 곳을 찾아갈까
나서는 길 갈 곳 없고
보내는 차 바라본다
또 하나 오는 차
어디로 가려나
무작정 오른 차 밖
파란 들 지나친다
누구라도 함께하면
쓸쓸하지 않을 것을
가다 다시 한 번 갈아타는 차
이번에는 바다로
설레임에 내딛는다

졸음 한 번에 내리라는 소리
둘러보니 나 혼자 허겁지겁 내린다
무엇을 안고 들고 어느 것으로 웃어 볼까
내가 보아도 쓸쓸히 부끄럽다
거울 안 본 굳은 표정 그렇게 느껴진다
찾아간 곳 백사장 끝 바위 구석 한 귀퉁이
밀려온 파도 부서지고 휩쓸고
함께 찾은 저 많은 사람들아
나도 엊그제 저랬었건만

세월이 다 떼어놓고 혼자 보냈다
가리고 사리고 물에 뛰어드는 사람들
멀리 섬 하나만 나를 부른다

나와 너

피 안 섞이고

살도 안 섞인다

그러나 마음은

섞을 수 있다

섞인 그 마음

정이 매듭짓고

풀어도 그 마음

어디인가 남아 있다

시간이 지날수록

흐려져 남는다

봉숭아의 꿈

뜨락의 봉숭아는
다음이 있는데
먼 기다림의 나
나는 있는 것일까

툇마루 뜰아래
홀로 핀 봉숭아
이 여름 한 송이
누구를 기다리나

찬바람 스쳐
모은 꿈 접히는 날
나와 함께 다음을
기다려 주겠지

부끄러운 70년

진흙탕이 되는 민족
가닥이 안 잡힌다

이웃 담 보는 나라
우리는 뭐 했나

주저앉아 남의 탓에
갓 썼으니 할 일이 있나

종이 동냥자루에 무엇이 담겨 있고
이웃 벗겨 갚는 마음 누가 가르쳤나

노새 노새 젊어 노새
그늘에 풀 뜯는 당나귀만 노새인가

아픈 역사 상처 잊고 애국을 잃은 나라
이 나라의 미래 어디로 가고 있나

여름 반달

마당놀이의 우리들
나의 큰 별 찾았지
홑이불 덮어가며
저 많은 나의 별을

누구의 어느 별이
커다라니 더 밝은가
이쪽은 구름 가려
보이지 않고

저쪽은 반달 빛에
작은 별만 보였지
저 반달 구름 따라
언제 떠나려나

바가지

말도 많고
탓도 많다
흉도 많고
쓰임도 많다

서너 날에 한 번씩
대바늘에 찔리고
사다리 타고 내려와
빼게지는 것이 다인 것을

저 높은 둥근 달은
산 넘어 또 오는데
지붕 위 둥근 박은
찔린 것으로 끝인가

우리 엄마 구박에
한몫을 하던 박
그 시절에 담긴 것이
쌀과 밥뿐이었나

개미의 약속

내 큰 먹이 잡아 집에 올 것이니

그때까지 꼭 기다려줘

나서는 길 하늘도 가야 할 먼 길도

이 멀고 먼 길 어디로 가야 하나

물어도 뒤로 오니 길 잃지나 않을까

화장터

이 한 줌을 위해
어디에서 무엇을 했나
내보인 것이 무엇이고
숨긴 것이 무엇인가

보내는 눈물도
들어간 인물도
빗자루로 쓸어 모은
재 한 줌이 다인데

마지막 눈감는 날
무엇을 버렸나
할 말은 다 했는지
가슴에 묻었는지

본 것도 들은 것도
눈 뜬 사람의 것이요
남은 줄의 실 가닥도
흘린 눈물의 것인데

매미의 가을

날씨는 아직 여름인데

흩어진 구름 가을을 부르나

씨앗 맺혀 고개 숙인

담장 밑 강아지풀

언덕배기의 여름 꽃

슬며시 떠난다

아가의 도둑

마당 끝 노을 지고
멍석에 둘러앉은 식구들
이제 어두우면
호야 등불 켤 것인데
한 짐의 저 많은 콩
언제 다 까나

할머니 앞에 앉은 식구들
똑같이 몫 나눠도
내 것이 제일 많고
까놓은 알맹이는
서로가 적다 한다
누가 많고 적을까

제일 많은 할머니
말 잘 듣는 큰 손주 년
한 줌 두 줌 슬쩍 채워주고
뺀질이 막내 년은 어떻게 하나 두고본다
막둥이 네살박이 또 말썽 피우나
할머니 콩 슬쩍 집어 엄마 콩에 담는다

병아리의 일기

친구야
우리 어떻게 자랐지
아주 아주 오랜 옛날
그날로 돌아갈까

기억도 가물가물
생각이 나는 듯
어렴풋한 그림 그려
옛날이야기 해볼게

한 집 건너 너와 나는
그렇게 자랐지
봄날 병아리 쫓다
암탉에게 쏘이고

문밖 마당으로
흙장난 하러가다
수탉에게 붙들려
울도록 혼이 났지

이맘때 여름이면
걸칠 옷이 어디었니

머리에 쇠똥(부스럼) 앉었다
가위로 박박 깎였고

그러구(그리고) 내 여동생은
머릿 이 석회 많다
박박 깎였어도
아랫도리는 입혔지

우리 그렇게 자랐잖니
돌아보는 지금에서야
느끼는 것이 많구나
입고 먹는 것도 그렇게 그렇게……

구름의 운명

가슴이 메어지는 내 아이 울음소리

며칠 전 잘 먹인 것이 살로 가겠나

눈치를 챘는지 치마자락 끌던 아이

에미의 거짓에 얼마나 보채겠나

씻지 못할 에미의 죄 용서해다오

먼 훗날 아니 더 먼 훗날

시간의 거짓을 세월이 용서할까

너와 함께 보던 꽃이 새롭기만 하구나

이제 가야 할 죗값에 딛는 길

돌아보는 마음 날 저물어 가는구나

삶의 모습

뜨고 지는 해에 움직이는 사람들

모였다 흩어지고 다시 모이고

찾아가는 곳이 일터뿐이겠는가

표정에 얼굴이 다 다른 사람들

발걸음에 무엇이 들어 있어

저리 무겁고 가벼울까

입에 넣고 드는 잠은 다 같을 것인데

분꽃의 노을

노을을 지우는
뜨락의 네 꽃

꽃 접는다
저 노을을 지워야 하나

다음 노을 그려지면
그 노을 어떻게 하나

나는 못 지워 지울 수 없어
네 꽃 접혀도 나는 못 지워

기억의 인심

기와집 뜨락에는
방초가 없어도
기울어진 초가에는
방초가 많았다
양회(시멘트)에 굳은 뜰이
방초가 돋겠나
쓰러진 초가집 뜰
방초 꽃 기다린다

등 떠미는 쫓는 인심에
떠나는 고향
얻은 터 빼앗기고
이웃도 잃었다
그동안 할 말도
내세울 의견도
입 하나에 매달려
말 못 하고 못 들었다

추억의 그늘

차라리 가을이면

옛날을 찾을 것을

여름의 끝자락은

언제나 쓸쓸한가

홀로의 나 떠나면

누가 여기 찾을까

잃어버린 먼 훗날

다음을 기다린다

70년의 오늘(2015년 8월)

무궁화 꽃

바라보며

우리 서로

마주 보자

광복절

역사를 되새겨
우리 다시 반성하자
일본 완장(직책) 얻어 차고
얻어 찬 사람이 무엇을 했나

끌려간 우리 형제
남자는 무엇을 하고
여자는 무엇을 했나
누가 끌어다 일본 배에 태웠고

일본의 외딴섬 강제 노역 시설
얻어 찬 완장이 얼마나 괴롭혔나
일본이 자랑하는 우리의 희생
세계의 돈 받아가며 자랑하지 않는가

여름밤

누가 나를 엿보지 않을까
쑥스러이 홀로
별자리를 찾는다
누구의 별도 아니고
찾아 줄 것도 아닌데
옛날 따라 이리저리
그 별도 찾는다

누가 따갔는지
안 보이는 그 별
다시 둘러 찾아도
은하수만 보인다
희미하게 보여도
찾을 수만 있다면
그 별 따놓고 기다릴 것인데

제4부

말복의 하늘

이제 보름이면
추위 걱정해야 하나
아무리 더워도
여름이 좋았는데

끼없는 물 한 바가지에
그늘 찾아 몸 식히고
매미 소리 한몫에
부채 들면 그만인데

세월 가느라
그렇게 더운 것을
가을 오면 그 가을이
며칠이나 되겠나

하얀 흔적

이제 짐 꾸려
이 자리를 떠야 하나
찾아와 풀어놓고
무엇부터 찾았나

가버린 옛날에
둘이 찾던 날
그 손수건 손에 들고
추억을 훔친다

오늘 일기

누가 무엇을 했냐 하면
무엇을 했다 할까요
보는 눈에 듣는 소리
긴 생각 짧은 생각

안 하면 안 해서
안 한 것이 후회되고
하면 해서
잘못되어 손해 본다

머리싸움 기 싸움
이것이 삶인가
지나간 일 다가올 일
날마다 복잡하다

영혼의 길목

보고 들었으니
이제 가야 한다
어둠의 밤의 것도
눈에 넣을 낮의 것도
다 보고 들었으니
그 길로 가야 한다

더 볼 것이 있다면
그것이 네 것이냐
눈 감고 귀 닫고
하늘을 보아라
저 하늘도 네 눈 뜨면
어두울 것이니

매미의 계절

귀뚜라미 살며시
가을 문 두드리고
한낮에 우는 매미
여름을 못 놓는다

밤과 낮이 다른 계절
어디까지 여름인가
씨앗 속에 숨은 가을
겉으로는 여름인 척

속아서 우는 매미
숨은 가을 모르나
아쉬워 가는 여름
매미 찾아 나선다

서울 가는 길

복중 손님은
호랭이(호랑이)보다 더 무섭다는데
찬바람 돌았으니 서울 한 번 가볼까
이것들이 어떻게 산다냐
연락도 뚝 끊기고
이 에미 늙었다
이것들이 무시하나

한글 모르니 나서기 망설여지고
옆집 손 빌어 적은 글씨에 답답하긴 한데
그래도 입은 열려 물어 볼 수 있으니까
차 서너 번 갈아타면 찾아갈 수 있겠지
물어 찾아 내린 길눈부터 복잡하다
뭐시갱이가 이렇게 복잡하더냐
조선 땅 다 주고 살라 해도 못 살겠다

혼자 말에 대답 하고 찾아 가는 길
나올 때 딸래네 간다 자랑했건만
내려가 자랑할게 무엇이더냐
욕심에 꾸린 보따리 머리 짓누르고
땀에 찬 몸 끈끈하니 그늘이 아쉽다
이것들이 어떻게 사나 부족했던 아이들

보따리에 꾸린 것이 딸 것만 있겠나

바위섬의 기억

추억이 보낸 여름
여름만 보냈나
들리는 매미 소리
그 이야기 모으고
아침저녁 서늘하니
옷깃이 내려진다

그래도 한낮은
그곳의 바다인 듯
아쉬움에 가는 여름
기다림에 오는 가을
둘만의 바다
가을을 기다린다

초승달의 뜰

저 달이 들어차면

얼마나 밝을까

동무들 모여

함께 놀자 부르고

그러면 귀뚜라미

밤새워 울겠지

나는 뜨락에서

동무들 부르고

사람들아

많고 쥐고 있다

맑게 하지 마라

없다고

흙탕물 흐려서도 안 되고

인생은

날씨와 같은 것

끝무리에

들어서는 날

하늘 부끄러움

없다면

그것은 거짓으로

왔다가는 것

예쁜 나

삼홍 삼백이라
누가 나를
안 예쁘다 할까

거울일까
보는 이일까

숨어서 보는 이
훔쳐보는 이
다음도 나를 그렇게 볼까

숨죽인 추억

책보자기
마루에 던져놓고
샛문으로 도망 나와
미군 부대 울타리로
살짝이 숨어든다

오늘은 쓰레기가
많이 나오는 날
철망에 긁혀 옷 찢겨 피가 나도
쓰레기장까지 기어올라
큰 깡통 작은 깡통
장난감까지 얻는 날

쏼라 쏼라 무어라 하나
가라 하나 오라 하나
총 휘두르며 무어라 한다
큰 깡통은 개 밥그릇
작은 깡통에 쨈 쵸코렛
사탕까지 주워 파리와 함께 나누어 먹었다

내가 보는 눈

세상에는

좋은 것에
좋은 것만 있는 것이 아니고

좋은 곳에
좋은 곳만 있는 것이 아니다

나쁜 것은
마음부터 싫어진다

나쁜 곳도
마음부터 가기 싫다

귀 얇고 눈 어두운 것이 사람의 마음
잘 살피고 잘 딛어야 한다

수수 밭의 달

달빛 휘영청

수수 밭 지나는 밤

마른 잎 비벼지는 소리

가는 세월 덧없어라

저 달이 산 넘으면

앉던 이슬 앉으려나

못 넘어 머문 달

흐려져만 가는데

가을 마음

보이는 산 시들하니
마음 쓸쓸하고
단풍진 한두 잎
가을을 알린다

여름이어도 나무는
절기 찾아 가야 하나
아니면 마음이
가을을 기다렸나

바라보는 먼 산
더 멀리 보이고
비워지는 마음
나를 찾는다

가을 구름

뭉게구름에 모은 꿈
가을 하늘에 빼앗기고
가을은 그 꿈 모아
그림을 그렸다

높이 올려
붓으로 흐리는 듯
빼앗은 마음은
노을에 올렸다

빼앗긴 여름의 꿈
어떻게 찾을까
높고 흩어져
찾을 수 없었다

아들의 생명

아들아

너를 위한 아버지의 삶

아버지 마음을 잊지 마라

내 아이를 내가 받았다

내 팔 쥐어뜯는 아내의 고통

떨림으로 받아 보는 나의 마음

누구도 곁에 있어 줄 사람이 없었다

그리고 이것이 인생임을 다시 한 번 배웠다

낙화의 밤

숨어오는 세월
인생을 몰아대고
모르는 인생
꽃 보며 웃는다

너의 가르침이
무엇이더냐

웃는 인생 밤낮으로
저무는 줄 모르고
네 꽃 가르침에
깨우치지 못한다

반달의 노을

짙던 노을
거짓이었나
반달 불러
어둠으로 가리고
반달 아쉬운 듯
노을 찾아 헤맨다

그 잠깐 아름다움으로
반달을 부른 노을
먹구름의 검은 띠
걸친 반달 속았나
구름 속에 빠져들어
모두를 잃는다

정원사의 꿈

못생긴 나무가
더 아름답고
홀로 핀 꽃이
오랜 기억으로 남는다

동서남북 방향에
있어야 할 나무들
침엽수 활엽수
크고 작은 나무들

정원석 한몫에
연못의 연꽃들
금잉어 오가며
나를 기다린다

가을밤

수수 밭 달 밝은 밤
기러기 우는 밤
높고 낮은 기러기 울음
어디로 가나

외로워 찾은 밤
기러기 우는 밤
엄마 생각 그리워
눈물 납니다

이 도서의 국립중앙도서관 출판예정도서목록(CIP)은 서지정보유통지원시스템 홈페이지(http://seoji.nl.go.kr)와 국가자료공동목록시스템(http://www.nl.go.kr/kolisnet)에서 이용하실 수 있습니다. (CIP제어번호 : CIP2017005738)

찔레꽃 기슭

초판 1쇄 발행 2017년 3월 27일

지은이 이원문 **펴낸이** 임정일
책임 임병천 **편집** 김지해, 김수경 **디자인** 이종헌

펴낸곳 책나무출판사
출판신고 2004년 4월 22일(제318-00034)

주소 서울시 영등포구 신길3동 325-70 3F
전화 02-338-1228 **팩스** 0505-866-8254
홈페이지 www.booktree.info

ISBN 978-89-6339-521-0 03810